AF312037

DISCOURS

SUR

POTHIER

PRONONCÉ LE 15 DÉCEMBRE 1849

A LA SÉANCE D'OUVERTURE

DES CONFÉRENCES DE L'ORDRE DES AVOCATS

PAR

M. HENRI BUSSON

AVOCAT A LA COUR D'APPEL, DOCTEUR EN DROIT

PARIS

IMPRIMERIE DE MADAME VEUVE BOUCHARD-HUZARD
rue de l'Éperon, 5

1850

DISCOURS SUR POTHIER.

Messieurs et chers confrères,

Il y a vingt-six ans qu'à pareil jour, au moment de re-
prendre leur communauté de travaux, la magistrature et le
barreau d'Orléans s'unissaient dans une pieuse et patriotique
solennité. Avec eux étaient rassemblés les principaux magistrats de la ville, les chefs de l'armée et tout ce que le
pays comptait d'hommes distingués; on eût dit un triomphe.
Tous cependant se pressaient autour d'un tombeau. Celui
qu'ils étaient venus saluer encore une fois de leur respect
et de leur vénération, et dont ils transportaient les restes
dans une sépulture plus glorieuse (1), c'était Pothier, qui,
jusqu'alors, n'avait obtenu que des honneurs modestes
comme sa vie, et à qui Orléans, par un tardif mais éclatant
hommage, payait sa dette et celle du pays tout entier.

Pothier n'appartient pas seulement à sa ville natale, à son
époque; son nom se rattache à l'histoire des progrès du
droit et à l'établissement de la législation qui nous régit.
Après avoir reconstitué dans un ordre merveilleux le texte
si confus des Pandectes, il entreprend de fondre ensemble
et de compléter l'un par l'autre le droit romain et le droit
coutumier, résumant à lui seul l'œuvre de Cujas et de Dumoulin. Et, en même temps qu'il croit écrire de simples traités, il dicte des lois que le législateur de 1804 présentera à
l'obéissance de notre siècle. Vivant à une époque de libre
examen et de scepticisme, il y forme un contraste frappant
par la sincérité de sa foi et la fermeté de ses convictions. Il
semble que ce soit un homme d'un autre âge. La profondeur de son savoir, l'austérité de ses mœurs le rapprochent

---

(1) *Moniteur* du 29 novembre 1823.

de cette génération de grands jurisconsultes qui furent la gloire de la France au xvi⁰ siècle, et dont il est, au xviii⁰, comme le descendant et le continuateur. Ses ouvrages respirent je ne sais quel parfum de candeur et de vertu qui charme et séduit. Magistrat intègre, jurisconsulte éminent, professeur érudit et ami de la jeunesse, il est avant tout, par-dessus tout, homme de bien. A tant de titres cette existence si pleine d'enseignements, si majestueuse de simplicité mérite d'être racontée devant vous et de prendre place à côté de ces grands hommes qu'un éloge fait revivre à vos yeux, et dont une pensée pieuse de nos anciens réunit les portraits dans nos annales, sorte de musée de la science qu'on pourrait appeler le Versailles de l'ordre des avocats.

Puisse du moins l'inexpérience de la main qui doit reproduire cette noble figure ne pas trop en affaiblir l'éclat et la pureté. Dans cette fête de famille, que complète et réjouit un retour chèrement désiré, puisse l'indulgence qui m'a donné vos suffrages ne pas faire défaut à mes paroles et seconder mon entreprise.

Robert-Joseph Pothier naquit à Orléans le 9 janvier 1699. Domat venait de mourir; ainsi à un grand homme succédait un grand homme, comme s'il eût dû ne pas y avoir d'interrègne dans les fastes de la science. Né d'une famille de magistrats, où les qualités du cœur et de l'intelligence étaient héréditaires (1), Pothier ne vit dans la distinction de son origine qu'une obligation de plus de bien faire. Dès sa jeunesse, il fit un rude apprentissage de la douleur par la perte de son père. Placé chez les jésuites d'Orléans, il dut, à la promptitude de son intelligence et à cette force de volonté qu'il conserva toujours, de brillants succès, présages de ceux qu'il devait obtenir plus tard. C'est là qu'il acquit ces connaissances littéraires dont le souvenir se retrouve

____

(1) La famille de Pothier habite encore Orléans; le palais de Paris s'honore de posséder quelques-uns de ses membres.

dans ses ouvrages, et qui même dans un âge avancé le délassaient de ses travaux. Par une sorte de contraste, on avait vu, deux siècles auparavant, le poète Politien commenter les Pandectes, et le Tasse lui-même, avant d'écrire son immortel poëme, soutenir des thèses de jurisprudence dans les universités d'Italie. L'étude de la géométrie, pour laquelle Pothier avait un goût particulier, donna à son esprit cette exactitude de méthode, cet enchaînement de déductions qui assurent l'autorité de ses décisions. Si j'insiste sur ces détails, c'est que rien de ce qui intéresse un homme illustre ne peut nous demeurer indifférent et qu'il convient, pour l'apprécier, d'assister aux développements de son intelligence.

Pothier fit son droit à l'université longtemps célèbre d'Orléans, qui s'honorait d'avoir eompté Dumoulin parmi ses élèves. Mais alors, les contemporains s'accordent à le reconnaître, elle était bien déchue du rang qu'elle avait occupé, et la levée de l'interdit du pape Honoré III, en rendant à l'université de Paris (1) son ancien éclat, avait achevé l'abaissement de sa rivale. Fatigué de cet enseignement où, suivant la méthode déjà condamnée par Duaren (2), on ne lui présentait que de subtiles controverses, Pothier alla puiser à la source même, dans l'étude des textes, les véritables principes et les saines doctrines. Il serait injuste, toutefois, de ne pas citer comme une honorable exception, parmi les maîtres qui contribuèrent si peu à l'instruire, Prévot de la Janès, dont il devint l'ami en suivant les leçons, et dont il devait être le successeur. Arrivé à cet âge « où il faut choi_ « sir la carrière à laquelle on est propre, alors qu'il est pres- « que impossible de le savoir (5), » il forma le projet d'entrer dans les ordres, mais il en fut détourné par les larmes

(1) Au XIIIe siècle, Honoré III défendit d'y enseigner le droit romain. Cette défense fut observée jusqu'en 1679.

(2) Lettre à André Guillart, *De ratione docendi discendique juris.*

(3) M. BONNET, les trois Ages de l'avocat.

de sa mère. Il semble qu'il ait voulu rapporter sa propre histoire lorsque, dans un de ses traités, il cite les touchantes paroles d'une mère suppliant son fils d'attendre au moins sa mort pour quitter la maison paternelle. Il se détermina alors pour la magistrature, où il trouvait à continuer le nom de son père et de son aïeul. Ainsi que l'a dit un homme, l'une des gloires, jadis de notre ordre, aujourd'hui de la magistrature suprême (1), « c'était un autre sacerdoce. »

Nommé conseiller au présidial d'Orléans (2), il se distingue par son attachement à sa profession et son zèle à en remplir scrupuleusement les obligations. Sa piété, suivant l'expression de Bossuet (5), « lui montrait le devoir de juge « où il était appelé comme la mission que la Providence « lui avait donnée ; il plaçait le service qu'il devait à Dieu « dans une sainte administration de la justice ; il en faisait « son culte perpétuel, son sacrifice du matin et du soir. » Convaincu que le devoir du magistrat, après avoir rendu la justice, est de travailler toujours pour la rendre meilleure et plus sûre, Pothier redoublait d'efforts pour ajouter aux clartés de son intelligence et acquérir cette science qui, au dire du chancelier d'Aguesseau, dont vous avez, l'année dernière, applaudi l'éloge (4), donne de tout temps l'expérience de plusieurs siècles. Droit canonique, droit des coutumes, droit romain, ou, comme on disait alors, droit civil, ordonnances des rois, il étudiait et approfondissait tout ; chaque jour venait accroître ces connaissances laborieusement amassées, pour être répandues plus tard avec tant de libéralité.

A mesure qu'il s'occupait d'une matière, le besoin de coordonner ses idées le portait à en composer des traités sommaires ; c'étaient autant de germes féconds des immortels ouvrages qu'il nous a légués.

(1) M. Dupin aîné, Dissertation sur Pothier.
(2) En 1720.
(3) Oraison funèbre de Letellier.
(4) Éloge de d'Aguesseau, par Mᶜ Ernest Boinvilliers.

En même temps la morale devient l'objet de ses plus chères méditations. Imbu de cette pensée, si bien exprimée par Leibnitz, que, pour avoir une idée pleine de la justice humaine, il faut la tirer de la justice divine comme de sa source, c'est vers la Divinité qu'il élève ses regards, pour contempler ces lois éternelles dont les législations humaines doivent être l'émanation et le développement. Rousseau a dit depuis : « Toute justice vient de Dieu, lui seul en étant « l'auteur (1). » Philosophe chrétien, Pothier nous apparaît tenant d'une main la loi et de l'autre l'Évangile. C'est aux sources les plus pures qu'il va puiser ses inspirations ; il affectionne surtout saint Augustin, et, parmi les modernes, ces hommes que l'on a si justement nommés les stoïciens du christianisme. Ce n'est pas seulement un enthousiasme de jeunesse ; toute sa vie il ne cesse d'admirer l'inflexible raison d'Arnauld et les sombres profondeurs « de cet effrayant « génie qui s'appelle Blaise Pascal (2). » Cependant il est plutôt attiré par la raison insinuante et la judicieuse finesse de Nicole. Cette candeur de sentiment, cette piété sévère, qui, malgré la distance des temps, rapprochent ces deux hommes, expliquent le penchant décidé du jurisconsulte d'Orléans pour les écrits du solitaire de Port-Royal.

C'est là, sans doute, ce qui motiva sur Pothier le soupçon de jansénisme, qui, du reste, ne lui attira de son vivant d'autre attaque que celle de l'auteur des *Conférences de Paris*, soupçonné lui-même d'appartenir à une tout autre compagnie. Il n'en fut pas de même après sa mort, et il fut fait une sorte de procès à sa mémoire, si nous devons croire un de ses plus illustres et respectueux biographes, celui dont l'image est placée parmi nous, comme pour vivre encore au milieu de cet ordre dont il fut l'honneur et qui le perdit si prématurément. M. Philippe Dupin rapporte qu'un

(1) *Contrat social*, liv. II.
(2) CHATEAUBRIAND, *Génie du christianisme*.

évêque d'Orléans, il n'y était sans doute pas né, gourmanda sévèrement le chanoine chargé de la bibliothèque de la ville, pour y avoir laissé les Pandectes de Pothier, que le prélat, sur le nom de l'auteur, croyait écrites en faveur de Jansénius. « Le bon chanoine eut beaucoup de peine à « faire entendre à Sa Grandeur qu'li n'était pas question de « la bulle *Unigenitus* dans les constitutions de Justinien, « et que ni Papinien ni ses collègues n'avaient traité des « cinq propositions. »

Je ne veux pas, mes chers confrères, vous infliger, à propos de Pothier, une histoire du jansénisme faite assez de fois pour que je ne m'expose pas à en gâter le souvenir en voulant le raviver dans vos esprits. Il me suffira de dire ce qui se rattache à ce récit. Opinion religieuse à son origine, puis bientôt philosophique, le jansénisme eut pour lui deux moyens de succès d'un effet certain dans notre pays, mais à des titres bien différents ; il devint un thème d'opposition, et il fut persécuté. Sous Louis XV, il trouva appui dans la magistrature et contribua à entretenir, pendant le xviii° siècle, cette lutte entre la royauté et les parlements, qui se firent les propagateurs des idées nouvelles et des réformes, jusqu'à ce qu'enfin réformes et réformateurs fussent emportés par une révolution.

Magistrat lui-même, Pothier trouva certainement dans sa compagnie des sentiments conformes à ceux que lui inspiraient ses habitudes et ses affections. Toutefois il ne serait pas exact de croire qu'avec la morale de Port-Royal il en ait adopté toutes les doctrines ; il ne convenait pas à cet esprit éclairé, mais naturellement timide et plein de foi, d'aller sur les traces de Domat sonder les abîmes de la pensée humaine, et encore moins de braver l'autorité de la cour de Rome. S'il dénie au pape tout pouvoir sur les affaires temporelles (1), s'il repousse les tentatives usurpatrices de ceux qui voulaient abandonner le

____
(1) Traité de la prescription, n° 198.

mariage à l'autorité exclusive de la puissance spirituelle (1), si enfin il flétrit l'abus des dispenses (2), on le voit aussi défendre plusieurs décrets du concile de Trente (3), combattre la loi à la main ceux qui veulent retrancher les jésuites de la vie civile (4), et enfin, dans cette matière si difficile alors des empêchements aux mariages, abriter respectueusement les solutions qu'il propose sous les décisions des pontifes romains (5). Dans cette grande lutte qui remplit plus d'un siècle de notre histoire, Pothier, malgré ses sympathies, ne prend parti ni pour les uns ni pour les autres. S'il faut lui chercher des compagnons dans la voie qu'il a suivie, nous trouvons une partie de la magistrature marchant alors à la suite de d'Aguesseau, tous ayant pour drapeau la célèbre déclaration de 1682 et guidés par le génie de Bossuet. Ils avaient compris, comme Pothier, que la religion n'avait rien à gagner à ces luttes, dont d'Alembert a résumé ainsi le résultat : « C'est la philosophie qui, par la bouche des magis-« trats, a porté l'arrêt contre les jésuites ; le jansénisme « n'en a été que le rapporteur. »

Ces études si variées avaient accumulé dans l'esprit de Pothier d'immenses richesses que son activité n'y laissa pas longtemps enfouies. Lorsque, après avoir parcouru le cercle des coutumes, il étudia les Pandectes, il fut frappé de l'équité des décisions qu'elles renferment, et se sentit comme saisi d'un entraînement invincible pour cette législation qui, rigoureuse à son origine, se transforme et se spiritualise au contact du stoïcisme et des principes chrétiens, et mérite enfin le nom de raison écrite.

Reconnaissons-le, messieurs, il y a quelque chose d'é-

(1) Traité du contrat de mariage, n° 11 à 22.
(2) Traité du contrat de mariage, n° 276 et suivants.
(3) Contrat de mariage.
(4) Traité des personnes, titre III.
(5) Contrat de mariage.

trange et de mystérieux dans l'histoire de ce peuple, qui, né à peine, ose se proclamer le peuple-roi, et aujourd'hui encore voit les nations civilisées régies par des législations filles de la sienne, comme si ses destinées n'étaient pas encore accomplies et qu'il dût gouverner le monde par ses lois, alors qu'il a cessé de le dominer par ses armes.

Si Pothier admira la majesté des lois romaines, il ne put s'empêcher de déplorer le désordre, remarqué depuis longtemps déjà, de leur classification dans les Pandectes. Hottmann n'avait pas craint de dire que Tribonien « n'avait « gardé ordre, suite, ni disposition en aucune matière. » D'autres firent mieux que signaler le mal, ils cherchèrent à y remédier. Cujas, dont les travaux ont été si bien appréciés il y a un an, devant vous (1), Jacques Godefroy (2), l'Allemand Vigelius, l'Hôpital lui-même, son testament nous l'apprend (3), enfin Domat, dans son *Legum delectus*, tentèrent des efforts qui demeurèrent infructueux ou incomplets.

Ce qu'ils avaient essayé inutilement, Pothiér osa l'entreprendre. Déjà il s'était fait un plan et en avait commencé l'exécution, lorque sa modestie le fit douter du succès et s'arrêter devant la grandeur de l'ouvrage.

Heureusement son collègue, Prévot de la Janès, à qui il avait communiqué ses essais, fut frappé du mérite et de l'utilité du projet, et ne pouvant vaincre les hésitations de son ami, appela à son secours une autorité plus puissante qui devait en triompher. J'ai nommé le chancelier d'Aguesseau. Non content d'encourager l'auteur, dont il avait voulu voir

(1) Éloge de Cujas, par M. Decoux-Lapeyrière, prononcé le 2 décembre 1848.

(2) Manuale juris.

(3) L'Hôpital légué à l'un de ses petits-fils, en le priant de l'achever, un travail sur les lois romaines mises en ordre et annotées. Le légataire n'a pas exécuté la volonté du testateur, dont le travail n'a pas été retrouvé.

les premiers travaux, ce grand magistrat engagea avec lui une correspondance qui dura plus de dix années (1), et le chancelier de France devint le collaborateur du modeste magistrat d'Orléans. Les titres les plus importants lui furent adressés, et il les renvoya accompagnés d'observations dont Pothier profita plus d'une fois. Sa persistance nous valut la savante composition des titres *De verborum significatione et de regulis juris* (2).

Cédant au vœu de d'Aguesseau désireux de connaître l'homme auquel il accordait tant d'estime, Pothier fit un voyage à Paris, véritable événement dans cette vie si retirée; lui-même aimait à raconter les mésaventures que lui attirèrent sa tournure plaisante et sa maladresse. Quand il se présenta pour voir le chancelier, il fut presque un objet de risée pour les courtisans solliciteurs qui encombraient la chancellerie. Le ministre n'était pas visible ce jour-là, et Pothier voulut repartir pour Orléans, rappelant quelque peu le trait du bon la Fontaine. D'Aguesseau crut devoir s'excuser auprès de Pothier; bien mieux il se rendit au-devant de lui pour le recevoir, à la grande confusion des assistants qui, la veille, avaient jugé l'homme sur son extérieur, et l'on vit, ce jour-là, à l'audience d'un ministre, la noblesse des titres céder le pas à la noblesse du savoir.

Par un juste sentiment de reconnaissance, Pothier fit à son illustre protecteur un hommage aussi touchant qu'honorable pour tous deux, de cette œuvre qui reçoit un nouveau lustre des noms inséparables désormais de Pothier et de d'Aguesseau.

L'ouvrage parut (3) après plus de vingt années d'efforts

(1) Œuvres de d'Aguesseau, t. XVI, édit. de 1819.

(2) Pothier voulait en faire un ouvrage séparé. Tels qu'ils ont été disposés par Pothier, ces deux traités sont, le premier un véritable lexique du droit, et le second un recueil de tous ces principes du droit romain que d'Aguesseau (*Instructions à son fils*) appelle les oracles de la jurisprudence.

(3) En 748.

persévérants que partagea souvent le zèle d'un ami (1). Certes, ce n'était point trop de temps pour une entreprise dont l'esprit ne peut mesurer la grandeur et les difficultés qu'avec un sentiment de surprise et d'admiration. Malgré la justesse des principes et la sûreté des décisions que renferment les Pandectes, comment ne pas blâmer la précipitation et le défaut de méthode qui ont présidé à leur composition? Droit ancien, droit nouveau, opinions contradictoires; tout a trouvé place dans le recueil de Justinien; et, lorsqu'il rappelle avec une complaisance si superbe que deux mille traités et trois millions de sentences ont fourni les éléments du Digeste, il semble qu'il ait voulu révéler les défauts de son œuvre et rehausser la gloire de ceux qui ont tenté de les réparer. Porter la lumière dans ces ténèbres, débrouiller ce chaos, en un mot faire de l'ordre avec le désordre de Tribonien, tel a été le but, telle a été l'œuvre de Pothier.

Après une préface, véritable introduction à l'étude du droit romain, et un commentaire de la loi des Douze Tables, il aborde les titres du Digeste ; chacun d'eux est précédé d'une introduction particulière qui en indique le sujet et la distribution ; viennent ensuite les définitions et les principes, puis les lois rangées sous des divisions claires et nombreuses de manière à faciliter la marche de l'esprit dans une voie se déroulant toujours droite et sans obstacle. A la différence de ses devanciers (2), il conserve religieusement le texte du droit romain ; par l'addition d'un mot ou le seul classement d'une loi, il en donne le véritable sens, réalisant le mot d'Horace, qu'un éditeur des Pandectes leur a donné pour épigraphe :

... Tantum series juncturaque pollet.

On a reproché souvent à Pothier de n'avoir pas appliqué à l'ensemble du Digeste cette méthode qu'il a si heureusement employée pour chaque titre. N'oublions pas que son

(1) M. de Guienne, avocat.
(2) Surtout de Vigelius.

travail était une innovation hardie, traitée même de profa-
nation par quelques-uns de ses contemporains, et qu'à
l'époque ou il écrivait, la science n'avait pas encore conquis
ses libres allures. Si nous nous souvenons, au contraire, de
l'immensité du travail et des recherches qu'il a nécessitées,
si nous songeons que, contre cette classification arbitraire et
périlleuse comme toute classification, aucune objection sé-
rieuse ne s'est produite, nous n'hésiterons pas à proclamer,
avec un historien du droit (1), « les Pandectes de Pothier un
« monument dans lequel viennent se confondre l'érudition
« du xvie siècle, la méthode et la puissance encyclopédique
« du xviiie. »

Cependant elles n'obtinrent pas tout d'abord cette approbation générale qu'elles devaient rencontrer plus tard. A
l'exception de d'Aguesseau, de la Janès et de quelques autres, la plupart des jurisconsultes, il faut l'avouer à leur
confusion, n'y virent qu'une habile compilation. Ne nous
en étonnons pas, messieurs, la gloire est fille du temps; lui
seul l'éprouve et la consacre. D'ailleurs l'auteur n'avait
guère pris soin de son succès. Bien que l'on eût vu déjà
quelques écrivains, pour être plus certains de passer grands
hommes, se décerner eux-mêmes ce titre, Pothier ignorait
et cette renommée et ces honteux procédés de fabrique mo-
derne. Son ouvrage, peu annoncé, ne trouva que peu d'a-
cheteurs, et il poussa cette délicatesse de scrupules dont il a
donné tant de preuves jusqu'à indemniser son éditeur, qui
bientôt n'allait plus pouvoir répondre à toutes les demandes.
Les jurisconsultes d'Allemagne avaient accueilli les Pandectes avec enthousiasme, et un conseiller aulique de Prusse
fit le voyage d'Orléans pour saluer celui que le célèbre syn-
dic de Rotterdam, Meermann, nommait, dans cette langue
latine, alors le lien commun des savants, *Pandectarum res-
titutor felicissimus*. Cette acclamation partie des bords du

(1) M. Laferrière.

Rhin retentit enfin en France, où, cette fois encore, on apprit par l'étranger que le pays comptait une gloire de plus.

La ville d'Orléans, fière de lui avoir donné le jour, voulut le compter au nombre de ses échevins (1). Sans doute le studieux jurisconsulte, qui gouvernait à peine ses affaires, était peu propre à l'administration d'une cité aussi considérable, et l'on assure que l'expérience le prouva bien. Ses concitoyens ne l'ignoraient pas, mais c'était moins une fonction qu'un hommage qu'ils lui décernaient, et ils crurent s'honorer eux-mêmes de pouvoir compter Pothier au nombre de leurs magistrats.

Il allait, d'ailleurs, recevoir une récompense plus conforme à ses goûts, douce pour lui, car elle lui donnait l'occasion de rendre de nouveaux services.

L'université d'Orléans venait de perdre dans Prévot de la Janès un maître dont l'enseignement avait ranimé les études presque expirantes et leur avait donné une nouvelle impulsion. Le premier il avait deviné et encouragé Pothier. Sa mort laissait vacante une chaire de droit français; Pothier la désirait vivement, mais il n'osait ni ne savait solliciter : heureusement il n'en eut pas besoin; le chancelier se souvint de son collaborateur et le nomma (2). Grande fut sa joie; elle eût été complète, s'il ne s'y fût mêlé le regret d'avoir ruiné les espérances d'un autre; il voulut du moins le dédommager, et le supplia de partager les émoluments de sa place.

Guyot, son compétiteur, était digne de comprendre ce langage, et la noblesse de l'offre fut égalée par la noblesse du refus. Mais tous deux conçurent dès lors l'un pour l'autre une affection qui ne se démentit jamais plus tard. Ce fut Guyot, devenu le collègue de son ancien rival, qui se chargea de revoir et de publier les ouvrages qu'il laissait inache-

(1) En 1747.
(2) En 1749.

vés et veilla ainsi sur sa gloire. De pareils traits ne sont pas rares dans la vie que je raconte ; mais dans l'histoire des luttes et des rivalités humaines, c'est sans doute un exemple peu fréquent que celui d'une amitié naissant au choc de deux ambitions.

Pothier comprenait toute l'étendue et la difficulté de ses nouvelles fonctions. Il savait que, chez le professeur, la science n'est rien, si elle ne se communique, et que, pour la communiquer, il faut descendre des hauteurs de la théorie et ne pas s'égarer dans les fatigants détours de subtiles controverses. De ces leçons si écoutées, il ne nous reste plus que des souvenirs déjà éloignés, qui permettent, sinon de les reconstruire, du moins de les apprécier. Il exposait les principes dans toute leur netteté, passait aux conséquences en procédant du connu à l'inconnu, n'abandonnait un sujet que s'il était certain d'avoir été compris, soutenait par des questions l'attention de ses auditeurs, et, en descendant ainsi au niveau de ses élèves, il cachait si bien sa supériorité que ses leçons semblaient des conférences où il conversait avec des amis.

Exercices particuliers, concours publics, il employait tout pour développer cette émulation si féconde de la jeunesse, il distribuait aux plus dignes des prix et des médailles d'or frappées pour ces circonstances ; c'est à ce pieux usage qu'il consacrait les émoluments de sa place, il se réservait seulement le plaisir d'enseigner. Il aimait à rassembler chez lui ses élèves, et l'on rapporte que, en les invitant à sa table, il leur promettait *de vieux vins et de belles questions de droit.*

Plusieurs fois sa bienfaisante délicatesse vint en aide à quelques-uns ; c'était pour eux qu'il donnait ses ouvrages aux libraires, sous la seule condition de les leur vendre à meilleur marché. Cette nature douce et tendre, qui redouta toujours d'acheter les joies de la famille au prix des embarras du ménage, avait reporté sur ses élèves tous les trésors de son affection ; c'était sa famille. Plus d'une fois il vit se briser de ces existences riches d'espoir et d'avenir, comme nous en avons pleuré une récemment (1), et il ressentait toutes les douleurs d'un père ; il en éprouvait aussi toutes les joies quand, plus tard, il appelait ses collègues ceux qui le saluaient encore du nom de maître. Ai-je besoin de dire de quelle affection, de quel respect il était entouré (2) ; cet attachement il vous est facile de le comprendre pour l'éprouver vous-mêmes, et, plutôt que de mal le traduire, je préfère m'en rapporter aux souvenirs que nous gardons des maîtres de notre jeunesse, aux sentiments que nous inspire tous les jours la bienveillance de nos anciens.

Les nécessités de l'enseignement, en ramenant Pothier à l'étude du droit français, lui ouvrent une autre carrière. Chargé de donner une nouvelle édition du commentaire de la coutume d'Orléans, dû à sa collaboration avec ses collègues Jousse et Prévot de la Janès (3), il oublie bien vite ce travail de révision, pour en exécuter un autre plus important (4). L'ouvrage entier est refondu : une introduction générale aux coutumes expose leurs règles fondamentales ; puis viennent les titres annotés de la coutume d'Orléans, précédés chacun d'une introduction particulière. Comparaison avec les autres coutumes, surtout avec la coutume par excellence, celle de Paris ; critique éclairée des auteurs les plus estimés, rapprochement avec le droit romain, quand il doit combler une lacune, tout se réunit pour faire de ces lumineux résumés un abrégé du droit coutumier au XVIIIe siècle.

Pothier s'était placé au premier rang parmi les commentateurs du droit romain ; il venait d'étudier et de résumer le

(1) Notre confrère et ami Aymet-Charmensat.

(2) Le *Journal de Leipsick* critiqua vivement les Pandectes de Pothier. Deux réfutations parurent à son insu ; l'une était d'un de ses élèves.

(3) Publié en 1742.

(4) Il parut en 1760.

droit coutumier tout entier. Nous allons le voir s'élever au-dessus de ces deux législations rivales, les dominer et les transformer, confondues et épurées, dans un droit nouveau, le droit français.

Mais, avant de le suivre dans cette partie de ses travaux, arrêtons-nous un instant, si vous le voulez bien, pour contempler cette existence si pure que quelques détails ont dû déjà vous faire entrevoir (1). N'est-ce pas une nécessité d'étudier le caractère d'un homme dont les écrits empruntent à la candeur de son âme, à l'austérité de ses mœurs une si imposante et si touchante autorité. Sans doute, cette vie n'a pas été agitée par les passions du siècle; semblable à ces savants religieux qui, au moyen âge, ont précieusement conservé dans leur cloître le flambeau de la science, Pothier s'est renfermé dans ses fonctions et ses travaux, et on pourrait l'appeler un bénédictin du droit. Sans doute sa vie s'est écoulée toujours la même, toujours calme, mais ce calme est celui de la vertu.

Il s'était fait une règle de conduite dont il ne se départit jamais. Va-t-on dès le matin le surprendre chez lui, déjà revenu de l'église où il commence chaque journée, on le trouve, comme Cujas, étendu par terre au milieu de ses livres, qu'il semble entasser et confondre à plaisir. Le soin de les remettre en ordre appartenait à sa gouvernante, Thérèse Javoi, dont le nom paraîtrait peu digne de la gravité de cette assemblée, s'il ne se rattachait à l'histoire de notre jurisconsulte par l'irréprochable sollicitude dont elle l'entoura, si enfin un aussi rare dévouement n'était un éloge, et pour celle qui s'y consacra pendant plus de quarante ans, et encore plus pour celui qui fut digne de l'inspirer. Incapable de s'occuper des affaires habituelles de la vie, Pothier en abandonnait le soin à celle qui veillait si bien sur son

______

(1) J'emprunte la plupart de ces détails à l'éloge si touchant de Pothier, par M. Letrosne, son élève et son ami.

vieil enfant. Il ne lui cachait que ses aumônes, qu'il portait souvent jusqu'à une pieuse prodigalité. Comme il le disait lui-même, les pauvres étaient sa grande famille. Par lui des malheurs même éloignés étaient réparés, des enfants abandonnés mis en apprentissage ; il aimait surtout à secourir ces pauvres que l'on appelle si tristement pauvres honteux, et sa bienfaisance ingénieuse à se dissimuler mettait à soulager leur misère autant de discrétion qu'eux-mêmes à la cacher (1).

Et cependant sa fortune était assurément modeste. Loin de l'augmenter, il la compromit plus d'une fois par une indifférence qui serait inexcusable, s'il n'eût renoncé dès longtemps au bonheur et au devoir de la famille. Permettez-moi, à ce sujet, une seule anecdocte entre mille que la respectueuse vénération des habitants d'Orléans a conservées comme tous les souvenirs qui se rattachent à leur illustre compatriote. Son notaire lui porta un jour six années d'arrérages qu'il refusa de recevoir, affirmant qu'ils ne lui étaient pas dus ; en vain insistait-on, tout au plus consentait-il à transiger pour moitié ; il fallut lui établir sa créance, pièces en main, et peu s'en fallut que l'on ne vit le procès, certainement fort rare, d'un créancier prétendant ne pas l'être, et d'un débiteur demandant sa propre condamnation.

Cet esprit d'austère équité l'accompagnait jusque dans les détails de sa vie privée ; ainsi Orléans le voit un jour sortir de l'audience sur la place en costume de juge et le bonnet à la main, faire humblement une réparation publique à un domestique qu'il avait injustement soupçonné (2).

(1) On lit dans son épitaphe : *Pauperes quorum gratia pauper ipse vixit.* Les pauvres l'appauvrissaient. M. Dupin aîné propose d'appeler Pothier *le bienfaiteur honteux* des pauvres.

(2) Je dois cette anecdote à l'obligeance de M⁰ Fontaine (d'Orléans). Je saisis cette occasion de lui offrir l'expression de ma reconnaissance pour le bienveillant intérêt qu'il m'a toujours témoigné.

Suivons-le sur son siége de magistrat ; il y mérite cet
éloge d'un de ses collègues : « Zèle pour le bien de la justice,
« assiduité, désintéressement, attachement à sa compagnie,
« quelle est la vertu de son état qu'il n'ait pas possédée au
« plus haut degré (1)? » Quelquefois, cependant, son ex-
trême facilité et son désir de rendre prompte justice l'en-
traînaient trop loin. Son attitude trahissait souvent son sentiment, ou même, lorsque son âge lui donnait le droit de pré-
sider, il lui arrivait d'interrompre les avocats pour les ra-
mener à ce qu'il regardait comme le nœud de la question.
Il n'appartient pas à mon inexpérience d'apprécier cette
impatience inquiète qui, chez Pothier, pouvait trouver son
excuse ; qu'il me soit seulement permis de rappeler ce vieil
adage de Loysel : *Bien juge qui tard juge ; qui veut bien
juger écoute partie.*

J'aime mieux notre magistrat lorsqu'entendant un de
ses anciens élèves plaider devant lui quelque hérésie juri-
dique, il se contentait de lui adresser cet affectueux repro-
che : *Ce n'est pas là ce que je vous ai appris.* Lui-même
éprouva cruellement les effets de sa précipitation à juger ;
mais qu'il sut noblement la réparer ! L'oubli d'une pièce
décisive, dans une importante affaire confiée à son rapport,
entraîna la perte d'un procès. Il le sut plus tard, et l'on vit
le juge, se prenant lui-même à partie, indemniser intégra-
lement le malheureux plaideur de l'erreur involontaire que
lui reprochait sa conscience.

Dans les procès criminels, au contraire, son attention
s'élevait au plus religieux recueillement ; il était, toutefois,
une fonction qu'il ne savait pas remplir. Mais que ce soit
pour lui un titre de gloire ! Il est consolant, en racontant la
vie de Pothier, de pouvoir le compter parmi les hommes qui
protestèrent contre les barbares épreuves de la torture (2),
et de rappeler qu'avant de la condamner dans ses écrits

---

(1) M. Letrosne.
(2) Note A, à la fin du discours.

contemporains de ceux de Servan et de Beccaria, il refusa d'en consacrer, par sa présence, comme juge, les iniques horreurs.

Tant de vertus et de talents lui méritèrent la confiance et l'estime de tous. Qu'il se rendît à son tribunal ou à l'université, il recueillait toujours sur son passage les témoignages les plus touchants de respect. Beaucoup de magistrats de France avaient recours à ses lumières, et des savants étrangers accouraient à Orléans pour voir celui que l'on proclamait déjà le plus grand jurisconsulte du siècle. Une foule de personnes venaient le consulter, certaines que ses avis étaient des oracles. Beaucoup lui soumettaient leurs différends, et faisaient de son cabinet un tribunal, où présidait l'équité, sans que jamais il se lassât d'obliger. De lui on pouvait dire, comme le poëte latin :

Perpetuus populi privato in limine prætor.

Il nous reste à examiner ces remarquables traités, dont la composition occupa les douze dernières années de sa vie, et qui en sont comme le couronnement. Mais ici la scène change, et le théâtre s'agrandit. Sans cesser d'être jurisconsulte, Pothier va devenir législateur, et son œuvre est vraiment nationale.

Ce serait, messieurs, une belle et curieuse histoire à raconter que le long et magnifique effort de la France tendant, à travers les siècles, vers cette unité si péniblement conquise, et dont les bienfaits nous cachent peut-être, à nous qui en jouissons, tout ce qu'elle a coûté. Il y aurait surtout de belles pages pour notre ordre dans le récit de ce laborieux enfantement de la nation ; car grande est la part qu'il peut prétendre au succès. Vous verriez les légistes, comme on nous appelait alors, se faisant les alliés de la royauté, combattre avec elle cette terrible féodalité, qui morcelait le pays en une multitude de sociétés étrangères, pour ne pas dire ennemies les unes aux autres. Dans les temps plus modernes, vous les verriez, doués d'un merveilleux instinct patriotique, préparant incessamment cette unité de législation, véritable et certaine garantie de l'unité nationale. Conçue par Charles VII, préconisée par ses successeurs, énergiquement entreprise par Louis XIV, appelée enfin par le vœu du pays, cette œuvre, à laquelle se dévouèrent les plus grands génies de la France, ne devait être réalisée que par la révolution de 1789. Soyons justes, en honorant les noms de ceux qui travaillèrent à ce grand édifice de notre civilisation.

Appliquer à la diversité des coutumes le principe unitaire du droit romain, telle a été, depuis le xvie siècle, la tendance générale des jurisconsultes français, même de ceux dont se glorifie l'école coutumière, et, entre tous, de son chef, Dumoulin. Mais, comme lui (1), ils durent reconnaître que, pour être vraie, leur idée n'était pas réalisable alors, et se contenter de préparer un progrès encore impossible. Au xviiie siècle, la route devient plus large et plus facile. Déjà la France s'est trouvée et sentie, sous la main puissante de Richelieu et de Louis XIV, et le mouvement philosophique qui s'empare des esprits va les rapprocher encore davantage, en leur parlant de la communauté de leurs droits et de leurs devoirs. C'est alors qu'apparaît dans la science une nouvelle école, dont l'impulsion accélère la fusion des éléments si divers du droit. Issue de l'école romaine de Cujas, elle commente la loi avec toute la clarté du génie français, et s'inspire de la philosophie chrétienne de Port-Royal. Domat rétablit l'ordre et l'unité dans *les lois civiles*, dont il approfondit le principe, en l'expliquant avec l'indépendance d'un philosophe et la conviction d'un chrétien. D'Aguesseau, dans ses discours, et encore plus dans ses œuvres législatives, abaisse quelques-unes des barrières qui séparent les deux législations auxquelles obéit la France, et qu'un moment il s'était flatté de réunir.

____

(1) Dumoulin, *Oratio de concordia et unione consuetudinum Franciæ.*

C'est à Pothier qu'il est réservé de préparer, d'amener ce grand résultat, en fondant ensemble, en complétant l'un par l'autre les deux éléments romain et coutumier, en rendant la science du droit accessible à tous, en méritant enfin ce titre de vulgarisateur de la science (1), qui définit si bien son talent. Ce travail d'épuration et de transformation sera l'œuvre de sa vie, sa mission sociale, et il y débute par un chef-d'œuvre, le *Traité des Obligations* (2). Dans ce premier traité, il rassemblera les règles fondamentales communes à toutes les conventions. Autour de ce centre viendront se grouper, comme conséquences de ces premiers principes, les règles spéciales aux contrats particuliers. C'est ce que Pothier a fait dans une série de traités qui embrassent toutes les parties du droit. Ne nous exposons pas à mutiler la pensée de leur auteur, en les séparant du livre qui les précède et les résume, et confondons-les dans le même examen et la même admiration.

Pothier excelle surtout par la clarté de ses expositions, par la bonne distribution des sujets qu'il traite. Sans doute, il n'a guère employé qu'une méthode, mais c'est la méthode du bon sens et de la raison. Une définition nette et précise fait connaître d'abord l'objet qu'il examine. S'agit-il d'un contrat, il en indique l'essence et la nature, les analogies et les qualités distinctives ; il analyse ensuite les obligations qui en résultent, les actions destinées à en assurer l'exécution, enfin les manières dont il se dissout. On en suit, pour ainsi dire, l'histoire, depuis son origine jusqu'à sa fin. Mais l'uniformité de cette méthode disparaît sous l'abondance des développements, sans que jamais l'on puisse dire que cette richesse d'érudition dégénère en un amas confus de connaissances, accumulées sans pitié pour le lecteur, et que, par une sorte d'expiation, l'éditeur des *Pandectes* ne les ait corrigées de ce défaut que pour y tomber à son tour.

(1) M. le premier président Troplong, Préface du contrat de vente.
(2) Il parut en 1761.

Son style est loin d'être irréprochable; mais faut-il le blâmer d'avoir sacrifié l'élégance à la clarté, et dédaigner cette profondeur apparente, qui, le plus souvent, n'est que l'obscurité? Sous cette abondance un peu négligée, on trouve le naturel et je ne sais quelle naïveté qui charme doucement l'esprit.

Il semble s'être souvenu de cette parole de Montaigne, plus vraie encore pour les jurisconsultes que pour les philosophes : « C'est dommage que les gens d'entendement ay-« ment tant la briefveté. Sans doute, leur réputation en « vault mieux, mais nous en valons moins. »

Peut-être Pothier n'est-il pas, par l'étendue, la hardiesse des idées, à la hauteur des jurisconsultes philosophes qui l'ont précédé. Sans doute, il n'a pas la courageuse et féconde témérité de Dumoulin, mais il le surpasse par sa méthode et sa clarté; sans doute il n'a pas cette profondeur qui fait embrasser à Domat, d'un seul regard, le système des lois tout entier; mais n'est-il pas plus exact, plus complet, plus propre enfin à former des jurisconsultes, tandis que l'ami de Pascal guidera plutôt le législateur?

Ce qui donne aux ouvrages de Pothier un caractère particulier, c'est cette habitude de n'envisager les questions au point de vue du droit positif qu'après les avoir considérées sous celui de la conscience, ou, pour parler son propre langage, de les examiner selon les règles du for intérieur et du for extérieur, *in utroque foro* (1). Moraliste sévère, mais sans morgue ni dureté, il ne connaît pas cette fausse conscience, si énergiquement flétrie par Bourdaloue (2); il faut l'entendre parler de ces moyens artificieux dont « on use, « dit-il, pour se dissimuler à soi-même et aux autres les « traces de l'injustice, qui peuvent tromper les hommes,

_____

(1) Voir, entre autres exemples, le Traité de la vente, part. II, chap. ii, et part. III, sect. 2. Voir aussi le Traité du jeu.

(2) Sermon sur la fausse conscience.

« mais qui ne peuvent tromper Dieu, qui sonde le fond des
« cœurs. »

Doué d'un prodigieux instinct d'équité, il trouve dans les
inspirations de sa conscience ces décisions droites et pures,
que la science seule ne révèle pas toujours. Pour lui le
droit n'est pas le droit, s'il n'est conforme à l'équité; c'est
par là qu'il est le fondateur d'une école nouvelle.

Est-il besoin de dire quelle acclamation accueillit ses ouvrages, et comment s'accrut encore une renommée qui semblait ne pouvoir plus augmenter? Mais, au lieu de jouir d'un
repos si noblement conquis, il va toujours continuant son
œuvre. Ce n'est pas assez pour lui d'avoir écrit ses traités *des
Obligations, de la Vente, du Louage, du Prêt, de la Constitution de rente,* et tant d'autres, il parcourt toutes les ma-
tières du droit français, et les résume dans de savants traités, auxquels les libraires se contentent de donner ce titre,
il est vrai qu'il dit tout : *par l'auteur du Traité des obligations* (1).

Mais ces excursions dans le domaine de la science devien-
nent si nombreuses, si variées, que tenter de le suivre serait
une œuvre impossible. Ainsi, après avoir écrit sur les ma-
tières commerciales, la *lettre de change,* les *assurances,* il
publie ses traités sur le *contrat de mariage,* les *donations* et
la *propriété ;* enfin il en prépare d'autres sur les *fiefs,* les
successions, les *servitudes* et même la *procédure civile et
criminelle,* traités que sa mort devait laisser inachevés. Par-
tout il porte son admirable clarté, l'étendue de ses connaissances et son esprit généralisateur.

C'est au milieu de ces travaux incessants que la mort vint
le surprendre (2). Sa fin fut calme et douce comme sa vie.
Personne, pas même lui, ne devina la gravité de son état ;
quelques heures avant de succomber, il s'entretenait encore
avec ses amis de ce qui remplit son existence : la science et

(1) Note B, à la fin du discours.
(2) Le 2 mars 1772.

la religion ; il semblait qu'au moment de les quitter pour toujours, il voulût répandre devant eux comme les derniers trésors de cette âme si belle et si pure, qui allait remonter à sa source. N'est-ce pas là cette fin du sage dont le grand poète de notre siècle a dit :

C'est ainsi qu'il mourut, si c'était là mourir (1) ?

Vous savez, messieurs, combien fut immense et féconde en résultats l'œuvre de Pothier ; l'étendue seule en égale le mérite. Je craindrais d'abuser de la bienveillance qui m'a décerné l'honneur de parler devant vous, je craindrais de me répéter en rappelant quels services il rendit à la science, quels progrès il lui fit faire. Mieux vaut compléter son éloge en disant quelle gloire lui réservait l'avenir.

Tandis que la vieille société du XVIIIe siècle est tombée si bas qu'elle ne peut plus se relever et croule de tous côtés, tandis que la plupart des philosophes, emportés par le mouvement qui entraîne le siècle, renversent les monuments d'un passé dont ils ne voient que les innombrables abus, Pothier prépare silencieusement les matériaux de l'avenir.

Lorsqu'une autre société se sera élevée sur les débris de l'ancienne, qu'il faudra construire l'édifice où s'abriteront les générations nouvelles, on voudra rattacher le présent au passé, et asseoir le progrès sur les bases de la tradition et de l'autorité ; c'est à Pothier que le législateur demandera les lois de la nation transformée, et ses traités fourniront plus de la moitié du code civil, monument d'incomparable sagesse, qui, suivant l'expression d'un homme d'État (2), renferme les principes de la saine égalité et de la véritable démocratie.

Convaincus qu'ils ne pourraient imaginer un ordre plus parfait, trouver des principes plus sûrs, des décisions plus équitables, les rédacteurs de ce code se sont le plus souvent

(1) M. de Lamartine, Mort de Socrate.
(2) M. Odilon-Barrot, Discours à l'assemblée constituante.

contentés de résumer ses ouvrages, dont plus d'une fois même ils reproduisent les expressions (1).

Ce ne sont pas seulement les principes des contrats que notre législateur emprunte à Pothier; c'est de ses idées et de sa méthode qu'il se sert pour régler la propriété et les droits qui s'y rattachent. N'est-ce pas un titre glorieux d'avoir contribué à cette organisation, qui fait de la propriété une récompense pour chacun, et pour tous une garantie sociale?

Désormais le nom de Pothier est attaché à notre législation, et en suivra les destinées. En est-il de plus brillantes? Lorsque nos armes triomphantes dominèrent l'Europe, leurs conquêtes furent aussi celles de nos codes, qui y pénétrèrent avec elles, et furent acceptés comme un progrès qui fit de la défaite un bienfait pour les vaincus. Mais, lorsque notre puissance s'affaissa sous le poids de sa propre grandeur, leur empire se continua sur ces pays qu'abandonnaient nos armées, comme pour y perpétuer notre domination et le souvenir de nos victoires. Aujourd'hui encore, une partie de l'Europe obéit à nos lois (2); le reste les admire et les envie.

C'est, en effet, une des gloires les plus pures, les plus belles de la France que cette supériorité par la science, le progrès et la législation pendant tant de siècles. Ce passé, où le jurisconsulte d'Orléans peut prétendre une belle part, vous l'avez contemplé, il y a quelques jours, se déroulant majestueusement dans cette solennité qu'on a si bien nommée la fête de la justice. En voyant resplendir de tous côtés (3) les noms de nos législateurs, de nos grands juriscon-

---

(1) Si les changements faits par le code aux doctrines de Pothier sont le plus souvent dignes d'approbation, on peut cependant plus d'une fois les regretter. Le titre des contrats serait plus complet peut-être, si, comme le traité des obligations, il comprenait les engagements accessoires des cautions, et rangeait la prescription libératoire parmi les manières d'éteindre les obligations.

(2) Note C à la fin du discours.

(3) *Moniteur* des 4 et 5 novembre 1849.

sultes , et parmi eux celui de Pothier, des avocats nos ancêtres, de ces illustres magistrats, enfin , qui semblaient s'être levés un moment de leur tombeau pour assister à l'institution de leurs successeurs, l'on eût dit que la France étalait en un seul lieu le magnifique spectacle de ses grandeurs.

Ce passé, mes chers confrères, c'est notre patrimoine, à nous tous, qui professons le culte de la loi; c'est notre sauvegarde; nous pouvons en être fiers. Mais, si c'est un honneur, n'oublions pas qu'il est aussi une obligation, et que toute cette gloire se résume dans ces deux mots, j'allais dire ces deux divinités que Pothier a si bien personnifiées en lui, la science et la vertu.

NOTES.

NOTE A, PAGE 19.

Pothier a été accusé d'avoir approuvé la torture ; sans doute, sur ce point comme sur tout autre, il est resté fidèle à la loi qu'il s'est faite de ne jamais attaquer la législation qu'il se contente d'exposer et de commenter, sans jamais s'élever contre elle ni en provoquer la réforme. Mais il suffit, pour faire justice de cette assertion, de lire son *Traité de la procédure criminelle*, où il semble ne parler qu'à regret de la torture que son interprétation resserre et adoucit le plus possible, et surtout dans les Pandectes le titre *De quæstionibus*, avec les notes, où il déclare formellement que la question n'offre aucune certitude au juge et outrage l'humanité. Aussi refusa-t-il toujours de siéger dans les affaires où elle devait être ordonnée. Un de ses contemporains a cru devoir l'excuser de ce qu'il appelle *une faiblesse;* l'histoire en a jugé autrement.

NOTE B, PAGE 24.

Voici l'énumération des ouvrages que Pothier a publiés après le *Traité des obligations*, et qui ne pouvait être donnée complétement dans ce discours :

En 1762, contrat de vente ; traité des retraits.— 1763, de la constitution de rente ; contrat de change.—1765, le louage ; bail à rente.—1765, les louages maritimes; la société; les cheptels.—1766 et 1767, des contrats de bienfaisance, prêt à usage, précaire, prêt de consomption, promutuum, condictio indebiti, dépôt, séquestre, mandat, nantissement, contrats aléatoires, assurances, prêt à la grosse aventure.—1768, contrats de mariage. — 1769, de la communauté. Sauf ce qui concerne le régime dotal, les rédacteurs du code civil y ont puisé le titre du contrat de mariage dont ce traité est encore aujourd'hui l'un des meilleurs commentaires.—1770, du douaire ;—du droit d'habitation;—des donations entre mari et femme ; — du don mutuel. — 1771 et 1772, de la propriété ; de la possession et de la prescription.

Pothier a laissé inachevés des traités publiés depuis : fiefs, censives et champarts; garde noble et bourgeoise; — préciput légal ; — hypothèques ; — substitutions ; — successions ; — traités des propres ; —

donations testamentaires ; — donations entre-vifs ; — traités des personnes et des choses ; — procédure civile et criminelle ; — servitudes.

On lui attribue encore les ouvrages suivants : légitime ; — subrogation ; — vente des immeubles par décret ; — représentation ; — répaations des bénéficiers ; — extraits du journal du palais d'Augeard — et divers opuscules latins.

NOTE C, PAGE 26.

La Belgique a conservé nos codes. Les provinces rhénanes, le grand-duché de Bade, les Deux-Siciles, plusieurs cantons suisses, et même la Louisiane et Haïti, ont fait du code civil la base de leur législation. La Sardaigne et la Hollande l'ont adopté en l'améliorant sur plusieurs points. Quant à notre code de commerce, sauf quelques modifications, il est reçu dans les pays qui viennent d'être cités, auxquels il faut ajouter l'Espagne, le Portugal, l'Italie entière, la Bavière, le Wurtemberg et la Prusse.

Voir M. de Saint-Joseph, Concordance entre les codes étrangers et le code civil et le code de commerce.

9 782329 153254